探索发现科普知识
——系列丛书——

地球大发现

张　俊◎主编

团结出版社

图书在版编目（CIP）数据

地球大发现 / 张俊主编 . -- 北京 : 团结出版社 ,2024.3
（探索发现科普知识系列丛书）

ISBN 978-7-5234-0862-9

Ⅰ . ①地… Ⅱ . ①张… Ⅲ . ①地球—青少年读物
Ⅳ . ① P183-49

中国国家版本馆 CIP 数据核字 (2024) 第 055294 号

出　版：团结出版社
　　　　（北京市东城区东皇城根南街84号　邮编：100006）
电　话：（010）65228880 65244790
网　址：http://www.tjpress.com
E-mail：zb65244790@vip.163.com
经　销：全国新华书店
印　装：三河市龙大印装有限公司

开　本：170mm×240mm　　16开
印　张：6
字　数：70千字
版　次：2024年3月第1版
印　次：2024年3月第1次印刷

书　号：978-7-5234-0862-9
定　价：215.00元（全12册）

前言
PREFACE

在浩瀚的银河系中，有一颗蔚蓝色的行星——地球。起初，地球只是混沌一片，后来经过四十多亿年的漫长演变，才最终成为一个资源丰富、物种繁多的美丽星球。

作为地球生命的一部分，我们每天生活在地球的怀抱中，但是有多少人知道地球为什么是球状的？地球的体积在变大还是在缩小？地球上的山能长多高？……对这些关于地球的问题，相信很多人都想知道，也有很多人会梦想能穿越时空隧道，去看一看地球最初的样子，去摸一摸地球早期的地貌，感受一下曾经的沧海如何变成桑田、植物怎样变成了矿产。而这些都是时光赋予地球的魅力，无关磁场，也无关万有引力。

在未来，我们还要与地球长久相处。了解地球，认识地球的运动规律，才能更好地保护地球——我们人类唯一的家园。

目 录
CONTENTS

part 2　地球上的地形地貌

part 3 地球上的宝贵资源

part 4　地球的生存与危机

part 1

宇宙中的地球

地球是怎样形成的？

　　地球是在宇宙大爆炸后的100亿年后才逐渐形成的。地球大约形成于46亿年前，诞生之初，它只是一颗光秃秃的行星，就像今天的月球。这时的地球常常遭到陨星轰炸，岩石表面因而开始熔化，变成一个圆球形的、极度炽热的熔岩海洋。后来，轰炸停止，地球表面冷却下来，但新形成的固体表面同时也将气体裹到了里面。随着压力越来越大，便导致了接连不断的火山喷发，而各种气体聚集形成了新的大气层。另外，不稳定的地质结构也使得地壳不断发生激烈运动。于是，就在这种冲撞和震动之中，地球完成了从无机界到有机界的自然演变。

地球是如何变成球形的?

我们现在已知道我们生活的地球是近于球形的,为什么地球会是这样的形状呢?原来这主要是因为地球对其表面的物质产生的吸引力是指向地球球心的。地球的质量相当大,能产生足够强大的向心引力,使任何地球表面的物质都逐渐趋向平坦的球状分布,而不是其他形状。而且,即便是高原、高山等不平坦的地形,只要有足够的时间,地球引力也会将其逐渐削平,从而恢复地球表面浑圆的形状。当然,在这一过程中,自然风化和水的侵蚀也起到了重要的辅助作用。

▶接近地球的物体,都会被吸引朝向地球

地球的外部结构是什么样的？

地球外圈分为四层，即大气圈、水圈、生物圈和岩石圈。大气圈是地球外圈中最外部的气体圈层，包围着海洋和陆地。大气圈没有确切的上界，在16000千米高空仍有稀薄的气体，而在地下，土壤和某些岩石中也会有少量空气。水圈包括海洋、江河、湖泊、沼泽、冰川和地下水等，它是一个连续但不很规则的圈层。因为存在地球大气圈、水圈，所以形成了适合生物生存的自然环境。地球岩石圈，主要由地壳和地幔圈中上地幔的顶部组成，岩石圈厚度不均一，平均厚度约为100千米。大气圈、水圈和生物圈，这三个圈层之间没有明显的界线，它们彼此渗透，相互影响，在太阳和人类生活的参与下，使整个地球生机盎然。

▶地球外圈

▶大气层

大气可分为哪几层?

按大气的温度分布,我们通常把大气从下向上分为五层,分别为对流层、平流层、中间层、热层和外大气层。①对流层:此层从地面向上,至10千米左右的范围,是大气层的最底层。在此层里,大气活动异常激烈,风、云、雨、雪、雾、露、雷、雹等多发生在此层里。②平流层:从对流层顶向上到约50千米。这里的空气成分几乎不变,水汽与尘埃几乎不存在,所以这里常是晴空万里。③中间层:距地面50~85千米这个范围被命名为中间层大气。在这里,温度随高度而下降,在85千米左右达到最低点,年均温度约为-83℃。④热层:距地面85~500千米的范围,这里温度随高度迅速上升,可达到1500℃。在这里,空气高度稀薄。⑤外大气层:距地面500千米以上是外大气层,这一层是地球大气层的顶端。在这里地球的引力很小,再加上空气又特别稀薄,气体分子常常高速地飞来飞去,有时甚至会进入星际空间。大气分层,有利于人们更好地研究大气。

地球表面是什么样的？

虽然叫地球，但地球表面并不是平坦光滑的。它的一部分被水淹没着，成为海洋；另一部分露出水面，形成陆地。从地图上我们能发现，地球表面约71%被海洋覆盖，在剩下的不到30%的陆地上也分布着纵横交错的江河湖泊，而且海洋是彼此连成一片的，所以有人说，地球是一个"大水球"。而陆地被海洋隔成几大块，按照面积大小，又分为大块的大陆和小块的岛屿。全球大陆共有亚欧大陆、非洲大陆、北美大陆、南美大陆、澳大利亚大陆和南极大陆6块大陆。除南极洲外，各大陆都呈北宽南窄的三角形，而且具有南北向伸展的特点，特别是北美大陆和南美大陆的这种特点尤其明显。全球岛屿极多，但总面积仅占陆地总面积的10%左右。

▶地球表面绝大部分都被海洋所覆盖

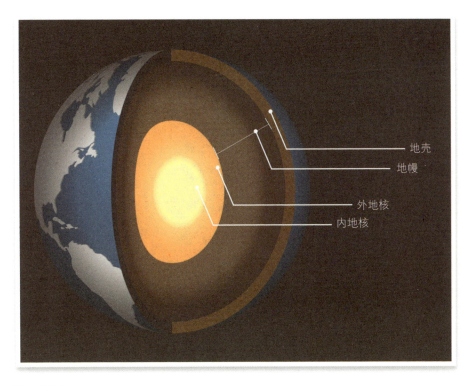

地壳
地幔
外地核
内地核

▶地球结构

地球内部是什么样的?

　　为了形象地说明地球内部的样子，人们总爱用鸡蛋来比喻。通过对地震波信息分析，地球是由一个物质分布不均匀的同心球层构成，即地壳、地幔和地核三层。其中，相当于鸡蛋外壳的地球的表面层是地壳，地壳分为上下两部分，各部分的物质结构不同。相当于蛋白的第二层是地幔，而地幔以下至中心称作地核，地核就相当于熟鸡蛋的蛋黄。地核又有内核和外核之分。从地幔以下2900～5100千米之间叫外核，外核以下到地球中心叫内核。

▶地壳是指由岩石组成的固体外壳，地球固体圈层的最外层

什么是地壳?

现在我们已知道地球的最外圈是地壳，地壳分为大陆地壳和大洋地壳。整个地壳厚度各处不一，其中大陆地壳厚度较大，平均约为35千米。高山、高原地区地壳更厚，最厚可达70千米以上；平原、盆地地壳相对较薄。

经研究分析，地壳是由不同的岩石组成的：上层为花岗岩层，下层为玄武岩层。而地壳的组成原因与地表地质构造的演化、矿物资源的分布规律以及地震、火山发生的过程有着密切关系。一般说来，年轻构造带的地壳厚度较大，喜马拉雅山区的地壳厚度可达70千米，而古生代构造带的地壳厚度通常小于30千米。

▶地壳运动产生的地面坍塌

地壳是一直"安稳"不动的吗?

　　地壳经常处于运动状态。比如断层、褶皱、高山、盆地、火山、岛弧、洋脊、海沟等,这些都是地壳运动的遗迹,是最好的例证。而且,地壳还在不断地运动着,如大陆漂移、地面上升和沉降以及地震都是这种运动的反映。地质学家研究认为,地壳的运动与地球内部物质的运动联系密切。地壳在运动时,由于受力常发生变形,如拉伸使地表出现裂谷,挤压使岩层发生弯曲或断裂、错位形成山峰。

地核是固态的还是液态的？

　　地球的核心部分当然就是地核了，地核分为外核和内核两部分。从源自其他行星核心的铁陨石来推测，地核也是由铁和镍组成，温度在5000℃左右。而在地球潮汐和振荡研究中可以推出，地核的外核厚度在2900~5100千米，呈液态；再往下便是内核，呈固态。现在，人类对于地球内部秘密的探索仍在继续，或许地球的内部层次还可以获得进一步划分。

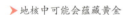
　▶地核中可能会蕴藏黄金

地球到底有多厚？

地球到底有多厚一直是人们关注的问题。科学家们通过人造飞行器对地球形状和大小进行了精确的测量，结果发现，地球是个赤道略鼓、两极稍扁的扁球体，而地球的平均半径为6371千米，赤道半径为6378千米，两极半径各为6357千米。后来，又经过一系列的探索，地理学家根据人造卫星探测到的数据，终于找到了地球最厚的地方，那就是位于中美洲厄瓜多尔的钦博拉索山的峰顶，其从地心到山顶的距离是6384.1千米，比赤道半径还长6.1千米。

▶卫星勘测画面

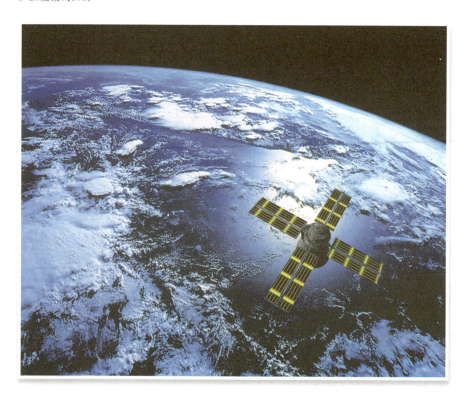

▶引力作用是天体间保持固定轨道的根本机制

地球的体积在变大，还是在缩小？

　　有些人认为，地球起初是一团炽热的熔融体，经过漫长岁月的冷凝后，收缩成有硬壳的地球，所以地球在缩小。而有些人则认为，地球长期以来都在膨胀。地壳运动、大陆分离，这就是地球膨胀的见证，而且至今有些裂缝仍在扩展，一些大陆之间的距离也在增大。另有一种说法是地球由宇宙尘埃积聚而成，宇宙尘埃以及陨星等受地球引力的作用不断地缓缓向地球靠拢，使地球体积不断增大。那么，地球到底是在变大，还是在缩小，至今没有定论。

地球到底有多少岁了？

我们是如何知道地球年龄的呢，其实一切物质的存在随着时光的流逝都会留下痕迹，既然我们知道地壳是由岩石构成的，那只要通过岩石便可以推算出地球的年龄。科学家们通过测算岩石中铀和铅的含量，推算出地球上最古老的岩石大约有38亿年。我们用岩石的年龄，加上地壳形成前地球所经历的一段熔融状态时期，就可以得出地球的年龄约为46亿岁。

▶ 古老的岩石

指南针为何能指示南北？

在野外，我们都懂得利用指南针来区分方向。使用指南针时，无论我们怎么晃动它，在它静止下来后指针总是朝着南北方，这是为什么呢？

其实，这是因为指南针带有磁性，能利用磁场来指示方向。地球是个巨大的磁场，它的周围存在无形的磁力，而地球的南北极磁场最强，所以指南针的指针受到强大的地球磁场影响，就会指向地球磁场的南北极，从而指示南北方向。正是因为指南针的这种特性，古代航海家们才实现了环球航行，并且发现了新大陆。

▶指南针

▶地球仪上的经线和纬线

什么是经线和纬线?

在地球仪上,那一条条纵横交错的线,就是经纬线,其中,连接南北两极的是经线。所有经线都呈半圈状且长度相等,两条正相对的经线形成一个经线圈,任何一个经线圈都能把地球平分为两个半球。与经线相垂直的线,叫纬线。纬线是一条条长度不等的圆圈,最长的纬线是赤道,从赤道向两极,纬线圈逐渐缩小,到南北两极缩小为点。事实上,地面上并没有经纬线,这只是人们为了确定地球上的位置而人为设定的。而且,想要看到我们所在位置的经线并不难,即立一根竹竿在地上,当中午太阳升得最高时,竹竿的阴影就是我们所在地方的经线。在地图上,通过地球表面任何一点,都能画出一条经线和一条与经线相垂直的纬线。

▶科学家称，月球正在慢慢远离我们

地球自转是怎么形成的?

目前，关于地球自转的各种理论都还是假说。有西方科学家研究认为，地球自转主要是与地球形成时的原因有关。我们知道，地球起源于太空灰尘的不断积累，由于围绕太阳的公转，太空灰尘对地球的相对冲力导致地球的自转。据说，月球也是一块太空灰尘，本来很小，几乎贴近地球，但随着月球本身的太空灰尘的不断积累，质量不断增大，以至离地球越来越远，最终形成了今天的月球。地球自转的方向是自西向东，从北极点上空看呈逆时针旋转，从南极点上空看呈顺时针旋转。

昼夜长短是如何变化的?

地球是实心不透明的。在太阳的照射下，面向太阳的半球是明亮的，叫昼半球，而背向太阳的半球是黑暗的，便叫夜半球。昼夜半球的界限就称为晨昏线，或者晨昏圈。地球自转一周形成一个昼夜，由于黄道赤道交角的存在，除了在赤道上的秋分、春分日外，各地的昼弧与夜弧都不等长。也就是说，当夜弧大于昼弧时，则夜长昼短，反之亦然。随着地球的公转运动，晨昏圈一斜一正地变化，同纬度地区的昼弧和夜弧也跟着彼此消长，从而导致昼夜长短不断变化。在我国，漠河是昼夜长短变化最大的地方。冬至日，白天最短，只有7小时30分；夜晚最长，有16小时30分。到了夏至，昼夜长短变化则相反。

▶昼夜长短是有变化的

地球为何绕着太阳公转?

地球除了自转,还在围绕太阳进行公转。这是因为,太阳对地球有一种巨大的引力,使地球靠近自己。而地球在运动中能产生向外远离太阳的离心力,从而使自己与太阳保持一定的距离,不会相撞。但是,因为太阳质量约是地球质量的33万倍,所以地球的这种离心力不能克服太阳强大的引力,只好围着太阳转,时远时近。地球公转轨道的形状是近正圆的椭圆,公转一周的时间则为一年。

▶地球公转轨道的形状是近正圆的椭圆

日食和月食是如何出现的？

月球围绕地球转，地球带着月球围绕太阳转，这两种运动就产生了日食和月食现象。

当月球转到地球和太阳中间，且这三个天体处在一条直线或接近一条直线时，月球挡住了太阳光，就会出现日食；而当月球转到地球背着太阳的一面，且这三个天体处在一条直线或近似一条直线的情况下，地球挡住了太阳光，就会出现月食。在观测时，所处位置的不同和月球到地球距离的不同，日食和月食的状态也有差别。日食有全食、环食、全环食、偏食，月食有全食和偏食。在发生月食时，半个地球上都能看到，但发生日食时，只有处在比较狭窄地带内的人能看见。

 月食

火星和地球是"孪生兄弟"吗?

40多亿年前,火星与地球逐渐形成了。这兄弟俩长得太像了——同样有南极、北极,同样有高山、峡谷,同样有白云、尘暴和龙卷风,同样是四季分明,甚至连一天的时间都差不多。所以,人们把地球和火星称为太阳系中的"孪生兄弟"。

▶橘红色外表是因为火星地表具有丰富的赤铁矿

▶我们完全不用担心地球会超重

地球能承受多大的重量？

　　地球和地球上的物体就相当于两块磁铁，是相互吸引的关系，而不是被动承受的关系。所以，根据万有引力定律来说，地球能承受的重量是无限的，我们需要考虑的问题是地球的资源能供多少人生存。

天外真的有天吗？

天外确实有天。在银河系之外，科学家又观测到大约10亿个同银河系类似的星系，即为河外星系。河外星系有各种不同的形状，颜色也是红红绿绿，五彩缤纷。因而，地球所在的太阳系不过是银河系中的沧海一粟而已。

知识链接

科学家们把河外星系分为漩涡星系、椭圆星系、棒旋星系、透镜星系和不规则星系五大类。

▶从地球上观察到的银河系

part 2
地球上的地形地貌

▶ 陆地和海洋

先有陆地，还是先有海洋？

　　在地球初形成时，位于地表的一层地壳在冷却凝结过程中，不断受到地球内部剧烈运动的冲击和挤压，有时还会伴随着强烈的地震和火山爆发。当地壳慢慢稳定下来后，地球就像个风干了的苹果，表面皱纹密布，凹凸不平。之后，在很长的一段时间里，天空中水汽与大气共存，浓云密布。随着地壳逐渐冷却，大气的温度慢慢降低，水汽慢慢凝聚，变成雨水落下，一直下了很久。于是，滔滔的洪水通过千沟万壑，汇集成巨大的水体，形成原始的海洋。此后，经过水量和盐分的逐渐增加以及地质条件的巨变，原始海洋最终演变成今天的海洋。所以，地球上应该是先有陆地，后有海洋。

陆地究竟有多大？

对于陆地和海洋在地球上所占的比例，人们常用"七分海洋，三分陆地"来形容。地球上的大陆，一块块散布在世界的海洋上。这些陆地，大块的叫大陆，小块的叫岛屿，它们的总面积加起来约14900万平方千米，占地球表面积的29.2%。大陆和它附近的岛屿合起来叫作大洲，即：亚洲、欧洲、北美洲、南美洲、大洋洲、南极洲、非洲。

▶ 大陆板块地形图

海洋到底有多大？

人们习惯上把环绕在陆地周围的广大水面叫作海洋。其中，"海"和"洋"是不能截然分开的两个完全不相同的概念。"洋"是世界海洋的主体，而"海"是"洋"的一部分，它分布在大洋的边缘，和陆地紧紧相连。地球上的大洋是相互连通的，分为太平洋、大西洋、印度洋和北冰洋四个大洋。其中，太平洋的面积最大，有17968万平方千米，比地球上陆地面积的总和还要大。世界海洋的面积约有36200万平方千米，差不多是陆地面积的两倍半，占地球表面积的70.8%，所以地球也被称为"蔚蓝的水球"。

▶ 地球是个蔚蓝色的水球

大陆真的可以"漂移"吗？

在很久很久以前，地球上所有的陆地都是连在一起的，后来因为强烈的地壳运动，使地壳中产生出一些巨大的裂缝，把地壳分割成若干块大陆。虽然大陆发生了分裂，但大陆和地幔下面的物质之间仍是黏结在一起的，不过有些裂缝越来越大，使两块大陆之间的距离也越来越大罢了。然而不管两者距离有多大，仍可以大致拼合在一起，大西洋两岸正是一个典型的例子。据地理学家研究，一年中，板块可以移动2.5厘米左右，在亿万年之后，地球便会有沧海桑田的变化。

▶曾经的大陆是连成一体的

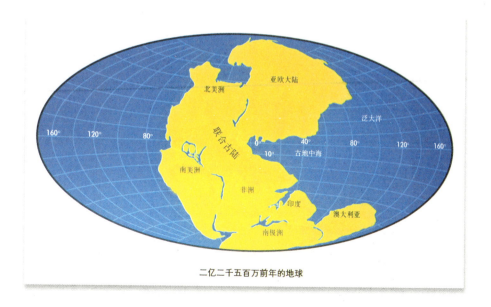

二亿二千五百万前年的地球

▶ 凹凸不平的地球表面

▌千姿百态的地貌是如何形成的？

地貌，就是地球外部千姿百态的地表形态，这是由地球内外力相互作用的结果。其中，内力作用指地球内部的热能、化学能、重力能与地球自转能等地球内部能释放的力对地壳表面的作用，包括地壳运动、岩浆作用。比如，地球内力作用使地球表面变得高低不平，构筑了地球表面的骨架。而外力作用指太阳辐射能及重力与地球外的天体引力能，通过大气、水与生物对地表的作用力。外力作用是使地球表面发生风化、侵蚀、搬运与堆积的能量转化和物质迁移并改变地表形态的一系列过程，主要包括流水作用、波浪与海浪作用、重力作用、风力作用、冰川作用与喀斯特作用等。如河流堆积地貌的冲积平原、河流侵蚀地貌的峡谷、瀑布等，而风力侵蚀使地貌出现风蚀蘑菇等。

岩石是怎么形成的?

岩石是构成地球表面的物质，它随着地壳的缓慢运动而发生着改变。地壳运动时，高山受挤压耸起，经风化侵蚀后，被分解成沙砾、碎屑并堆积起来，从而形成各种岩石。按照不同的形成原因，岩石主要分为岩浆岩、沉积岩和变质岩。其中，岩浆岩是由火山喷发出来的岩浆直接变冷凝固形成的，沉积岩是由泥沙沉积而成或是石灰质等物质沉淀而成，而变质岩则是由岩浆岩或沉积岩经过变质作用形成的。比较神奇的是，各类岩石还能在不同的条件下相互转变。

▶ 被风化的岩石

褶皱是一种什么样的构造？

　　岩层在形成时，一般是水平的。但在构造运动作用下，岩石会因受力而发生弯曲，如果一个弯曲被称为褶曲，那么一系列波状的弯曲变形就是褶皱。褶皱构造是地壳中最广泛的构造形式之一，它几乎控制了地球上大中型地貌的基本形态，世界上许多高大山脉都是褶皱山脉。而褶皱的不同形态和规模大小常常反映着当时地壳运动的强度和方式。

▶安第斯山脉就是著名的褶皱山脉

什么是喀斯特地貌？

喀斯特地貌又称岩溶地貌，是石灰岩地区地下水长期溶蚀的结果。石灰岩的主要成分是碳酸钙，在有水和二氧化碳时发生化学反应生成碳酸氢钙，后者可溶于水，于是空洞形成并逐步扩大。喀斯特地貌主要分布在世界各地的可溶性岩石地区，尤其以南欧亚德利亚海岸的喀斯特高原上最为典型。而在我国的大江南北，如天下第一的桂林山水，似幽如幻的织金洞等，这些如笋如簪的奇峰、深邃幽暗的山洞，也都属于喀斯特地貌。

▶喀斯特地貌

▶赤水丹霞地貌

丹霞地貌是怎么形成的?

　　丹霞地貌是一种特殊地貌,主要分布在中国和美国西部。起初,丹霞地貌只是地球上沉积的红色地层,后来当红色沙石经长期风化剥离和流水侵蚀,岩层沿垂直节理方向发展,红层便被割成一片片红色孤立的山和陡峭的奇岩怪石,最终形成我们现在看到的丹霞地貌。丹霞地貌最突出的特点是"赤壁丹崖"广泛发育,形成了顶平、身陡、麓缓的方山、石墙、石峰、石柱等奇险的地貌形态,各异的山石形成一种观赏价值很高的风景地貌。在我国,位于贵州省赤水市境内的赤水丹霞,其丹霞地貌面积达到1000多平方千米,以发育成熟典型且形态壮美而闻名世界。实质上,丹霞地貌不仅仅是一种风景,它还是大陆性地壳发育到特定阶段的标志,是地球演化史中重要阶段的突出例证。

断层是怎么形成的?

　　地壳岩层因受到一定强度的力而发生破裂，并沿破裂面有明显相对移动的构造，就是断层。在地貌上，断层大小不一，大的数百上千米，小的则不足1米，其中大的断层常常形成裂谷和陡崖，如著名的东非大裂谷、中国华山北坡大断崖等。此外，由于断层作用，地表有些地区断裂成许多部分，出现许多断裂地块，有的地块上升，有的地块下降，红海就是因地壳断裂而形成的。而由于断裂作用形成的山体叫作断层山，这种山一般多悬崖峭壁，如中国的庐山、泰山等。而沿断层线常常发育为沟谷，有时出现泉或湖泊，如俄罗斯的贝加尔湖。

▶庐山景观

圆湖和圆谷与陨石有关吗？

湖泊和山谷很常见，但正圆形的湖泊和山谷就比较少见。关于圆湖和圆谷奇妙形状的成因人们有很多猜测，最终认定这与陨石的撞击有关。月球表面有许多圆谷，是因为月球曾遭到过大量陨石的猛烈轰击。据观测，水星、金星、火星等表面也有数量可观的陨石坑。以此推断，地球上的"圆坑"也是陨石所为。相比之下，地球遭受陨石撞击比月球少得多，因为地球有厚厚的大气保护层，能起到缓冲减速作用，可使撞击力大减，所以地球上的圆形湖泊和山谷比较少。

 陨石撞击地球留下的疤痕

高原是怎么形成的？

高原是在长期连续的大面积的地壳抬升运动中形成的。总的来说，高原就是海拔高度一般在1000米以上、面积广阔、周边以明显陡坡为界的比较完整的大面积隆起地区。高原分布特别广，如果连同其所包围的盆地一起计算，大约可占地球陆地面积的45%，所以素来有"大地的舞台"之称。著名的青藏高原，因为海拔高、面积广，被称为"世界屋脊"。

▶青藏高原上的布达拉宫

丘陵是怎么形成的？

丘陵一般多分布在山地或高原与平原的过渡地带，但也有一些孤丘散布在平原之中，如我国北京市的八宝山。丘陵通常海拔在500米以下，相对落差不超过200米。一般孤立存在的称为丘，许多丘连在一起才成为丘陵。丘陵多是因为山地或高原长期经受侵蚀而形成的，而且多处在山前地带，所以丘陵地区的降水比较丰沛。在地球的陆地上，丘陵分布十分广泛，仅我国就有100万平方千米的丘陵，约占全国总面积的1/10。

▶ 丘陵地貌

▶吐鲁番盆地

盆地是怎么"挖"出来的?

盆地的形状就像一个盆,四周高,中间低。盆地的周围一般都围绕着高原或山地,中部是平原或丘陵。盆地是在各种自然力的作用下形成的,由于成因不同,可分为构造盆地和侵蚀盆地。其中,构造盆地是由于地壳构造运动形成的,如我国的吐鲁番盆地、江汉平原盆地。侵蚀盆地就是一种由冰川、河流、风和岩溶侵蚀而形成的,如我国云南西双版纳的景洪盆地,主要由澜沧江及其支流侵蚀扩展而成。盆地面积大小不一,大的可达10万平方千米以上,小的只有方圆几千米。

各式各样的岛屿是怎么形成的?

　　四面环水的小块陆地就是岛屿。岛屿大致可分为大陆岛、火山岛、珊瑚岛和冲积岛四种。大陆岛是因地壳上升、陆地下沉或海面上升、海水侵入使部分陆地与大陆分离而形成的。世界上较大的岛基本上都是大陆岛。火山岛是海底火山爆发或者地震隆起时,由岩浆喷射物的堆积和隆起部分形成的岛屿,比如太平洋中的夏威夷岛,就是典型的火山岛。珊瑚岛就是由珊瑚虫遗体堆积而成的海岛,这种类型的岛屿在太平洋的浅海中比较集中,如澳大利亚东北面的大堡礁。而冲积岛则是由河流或波浪冲积而成的岛屿,我国长江口的崇明岛就是冲积岛的代表。

 岛屿

▶水

地球上的水是怎样产生的？

地球上的水在大约46亿年前地球刚刚诞生时就已经存在了，这一点从地球上最古老的岩石中存有堆积岩上可以得到证实。地球是太阳系中唯一有水的行星，关于地球上的水是如何产生的这一问题有以下几种说法。其一，水来自地球本身。从原始星云凝聚成行星时，地球内部释放出大量的氢气和氧气；加上太阳发出的粒子流，也给地球带来了氢气和氧气。这些气体通过化学反应，形成了水。其二，水是由组成地球的物质逐渐脱水、脱气而形成的。其三，水来自火山喷发。自地球诞生起，曾发生过无数次火山喷发，在喷出的气体中，水汽占75%。所以，有的科学家认为地球上现有的水至少有一半来自火山喷出的水汽。其四，水来自地球外部，是地球形成时从宇宙空间捕获而来的。此外，还有人认为地球上的水来源于宇宙空间中以冰的形式落到地球上的陨石，因为它的主要组成成分是水。

对于这些说法，哪个才是最准确的，科学家们仍在进一步探索中。

河流是怎么形成的？

　　海洋里的水蒸发后形成雨会再降落下来，有的雨蒸发和降落发生在海上，而有的却落到陆地上。于是，落到陆地上的雨水便自动找寻路径从高处向低处流动，如果路径比较固定，水流的蚀刻就会形成一道沟壑，便成了河流。其实，河流一开始可能是融化的雪水，也可能是地面上涌出的一股泉水，或是雨水所汇集的小溪。当水越聚越多，慢慢便形成了河流。河流一般是在地势高处做源头，然后向地势低处流，一直流入湖泊或海洋。

 多瑙河

海洋是怎么形成的？

在地球形成的过程中，聚集了许多水和矿物质。当地球形成后，大气层的水分降落到地面，加上地球内部的水分，便汇聚成许多水域。由于水的质量比陆地上的泥土轻，所以地面上的大量的水环绕着陆地不断向低的地方运动，这就形成原始的海洋。最早的时候，海水不是咸的，而是带酸性的。后来，随着海洋中的水分不断蒸发，反复地形成云又变成雨，雨水落回地面，溶解岩石中的盐分，把盐分带入海洋中，经过亿万年的积累融合后，才变成了现在的咸的海洋。

▶蓝色海洋

洋中脊是一种怎样的地形？

洋中脊隆起于洋底中部，并贯穿整个世界大洋。其中，大西洋中脊位于大西洋中部，呈S形展布，与大西洋东西两岸大体平行，向北延伸，穿过冰岛，与北冰洋中脊相连接。印度洋中脊分为3支：西南的一支绕过非洲南端，与大西洋中脊连接起来，而东南走向的一支绕过大洋洲以后，与东太平洋隆起的南端相衔接，这两支洋中脊在印度洋中部靠拢，在印度洋北部合二为一，并向西北倾斜，构成一个大大的"人"字形，成为印度洋的"骨架"。太平洋中脊则有点特殊，它不在太平洋中间，而是偏于大洋的东侧，它从北美洲西部海域起，向南延伸呈弧形走向，转向秘鲁外海，向南接近南极洲，通过南太平洋，然后折向西绕过澳大利亚，与印度洋中脊的东南支衔接起来。从此可以看出，洋中脊都是彼此互相联结的一个整体，它们构成了地球上最长、最宽的环球性洋中山系。有资料显示，洋中脊总长度约80000千米，宽度可超过1000千米，约占整个海洋面积的1/3，相当于陆地山脉的总和。

▶大洋一角

part 3

地球上的宝贵资源

▶鱼化石

化石是怎么形成的?

在某种情况下,保存在地层中的古生物遗体随着泥沙的沉积被埋入地下深处。由于地底下的压力大、温度高,沉积的泥沙逐渐变成岩石,而动物、植物的坚硬部分也随之变得像岩石一样坚硬,最后原本柔软的叶子会在地层中留下印迹。由此,化石就形成了。化石形成后,不管地球上发生怎样的变化,它也不会改变,所以科学家们利用化石来了解地球的历史。比如,科学家们在喜马拉雅山上找到了龙鱼的化石,而龙鱼是2亿多年前生活在海洋中的动物,从而证明了喜马拉雅山区在2亿多年前是一片汪洋大海。

溶洞是怎么形成的?

很多溶洞都是著名的旅游胜地,如我国浙江的瑶琳仙境、广东的七星岩等。这些引人入胜的溶洞是怎样形成的呢?

经考察,这些地方都是一片片面积很大而又非常厚的石灰岩山地,石灰岩的主要成分是碳酸钙,很容易被含有二氧化碳的水溶解,并随水流走。天长日久,流水就会把岩石的裂缝和小孔侵蚀成大小不等的洞穴。这些洞穴中的水分经不断蒸发和沉淀,形成了各式各样的石笋和钟乳石。但是,溶洞并不是随处可见的,在我国主要集中在南方,这是因为石灰岩只有在高温多雨的条件下才比较容易溶解,利于溶洞形成。

▶溶洞

土壤母质是怎么形成的？

土壤是植物生长的基础条件。最初，地球上到处都是岩石，这些岩石长期经受风吹雨打及太阳的照射，逐渐出现许多裂缝，结构也变得疏松，最后则破裂成小石子。之后，当下雨的时候，雨水顺着裂缝进入小石子，夜晚降温，岩石中的水结冰，把小石头撑裂，变成粗沙子。这些粗沙子在风吹日晒下，又变成细沙子，细沙子越来越细，最后就变成了土壤母质。

▶土壤层是地球主要圈层之一，它的存在为植物的生长提供了必要条件

46

土壤的颜色是如何形成的？

土壤的颜色是由各地不同的自然条件决定的。我国北方气候温和干燥，蒸发量大于降水量，风化作用较弱，土壤处于弱淋溶状态。一些易溶性物质如氯、硫、钠等大多被淋溶，只保留了硅、铁、铝等。

▶蚯蚓能疏松土壤，增加土壤有机质并改善其结构

钙与植物分解产生的碳酸结合成碳酸钙，在土壤中形成碳酸钙聚积层，所以土壤的颜色分别呈现出栗色或棕色。而在热带和亚热带多红土，因为那里的气候高温多雨，地表风化和成土作用十分活跃，土壤在雨水的作用下，很多物质被分解和淋溶，但流动性很小的氧化铁和氧化铝会在土层中富集起来。氧化铁呈现红色，所以土壤也成为红色。对于青土和白土，则是因为岩石本身仅含有单一颜色或相同色彩的矿物，在风化后土壤便呈现白色和青色。

▶森林是地球上的"天然氧吧"

森林为何被称为"地球之肺"？

我们的肺是用来呼吸的，那么森林被称为"地球之肺"自然也是因为它能够呼吸。森林中拥有无数的绿色植物，这些绿色植物不但能转化太阳能而形成各种有机物，还能靠光合作用吸收大量的二氧化碳并放出氧气，从而维系大气中的二氧化碳和氧气的平衡，使人类不断地获得新鲜空气。因此，生物学家们将森林称为"地球之肺"。

森林真能净化废水吗？

森林是个"绿色宝库"，它不但能成云致雨、防风固沙，还能净化废水。这是因为，在废水中含有大量的磷、钙、钾和镁等矿物质，这些物质是树木生长过程中不可缺少的养料。而且，森林中的许多树木还可以分泌杀菌素，杀死废水中的有毒细菌和病菌，同时阳光中的紫外线也具有杀菌作用，这样废水中的有毒成分就逐渐消失了，即便流入地下或者河流中也不会造成污染。当然，森林的净化作用是有限的，假如废水过多，超过了森林净化废水的能力，也会对森林造成污染。

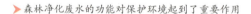

▶森林净化废水的功能对保护环境起到了重要作用

▶硅化木就是被硅质物质石化的植物树干化石

硅化木是一种木头吗？

　　硅化木也被称为木化石。数亿年前，一些树木因种种因素被深埋在地下，此后经过了千万年，这些树木在含有二氧化硅的地下水高温高压的作用下，树干被硅化，逐渐形成质地坚硬的硅化木。据地质学家称，硅化木从古生代石炭纪开始（始于距今3.55亿年）到中生代白垩纪（结束于距今6500万年）之间均有分布。而且种类繁多，现在可辨认的有松树、柏树、桃树、银杏和枣树等，树身、树干、树根乃至果核都保存得极为完整。此外，硅化木石质细腻，里面还有红、黄、绿等不同色泽的硅质天然形成的纹路，一般为碧玉纹路状，少量犹如玛瑙，具有很高的艺术价值和观赏价值。

草原为何被称为地球的"皮肤"？

草原被称为"地球的皮肤"，是地球的温度调节器。据研究，当太阳短波辐射透过大气射到地面时，会使地面增暖后放出长波辐射，然后被大气中的二氧化碳等物质所吸收，就会引起大气变暖现象。而草原覆盖在地球表面，可以减少地面长波辐射，从而减缓大气变暖。举例来说，我国有2/5的国土被草原植被覆盖，那么就有2/5的地面为草原植被所保护。所以，把草原称作"地球的皮肤"是十分恰当的。

▶绿色的草原给地球增添了色彩

▶鄱阳湖湿地

湿地为何被称为"地球之肾"?

　　所谓湿地，就是常年积水和过湿的土地。在地球上，湿地分布范围很广，从寒带到热带，从沿海到内陆，从平原到高山，到处都有湿地的影子。湿地是陆地上的天然蓄水库，具有抵御洪水、调节径流、调节气候等重要作用。而且，湿地生态系统大量介于水陆之间，具有丰富的动植物物种，是珍稀水禽的繁殖地和越冬地，被称为"鸟类的乐园"。此外，湿地能够分解、净化环境污染物，起到"排毒""解毒"的作用，并被人们称为"地球之肾"。千百年来，广阔的湿地为人类的生活带来了极大的益处。所以，假如地球没有了湿地，就像人被割去了肾脏一样，所以湿地对地球来说是十分珍贵的资源。

▶ 许多动物喜欢栖息在沼泽地

沼泽为何被称为"绿色陷阱"？

沼泽的形成原因很多，有些是由江河湖海的边缘或浅水地区泥沙淤塞、泥炭堆积而形成的，有些是由森林地带、高山草甸、洼地和永久冻土带中地下水聚集而形成的，而有些则是由湖泊淤积变浅而形成的。其中，沼泽的形成主要是由湖泊变化来的。我们知道，河流中带有许多泥沙，这些泥沙会在水流变慢的地方沉积下来，并慢慢生长起许多植物。久而久之，湖泊逐渐缩小，就形成了沼泽。

沼泽可能形成于河边水草生长的地带，也可能形成于沿海被海水经常淹没的地方，此外杂草、芦苇丛生的地方，乃至陆地上都有可能出现沼泽。有的沼泽地下面是无底的泥潭，看上去好像绿色的地毯，但人一踏上去就会陷进去。于是，人们把沼泽地称作"绿色陷阱"。虽然沼泽对人类来说危险重重，但却是一些小动物生活的乐土。

湖泊是怎么形成的？

一般来说，湖泊是陷落洼地，有着被冰川刨蚀的痕迹。比如，在内蒙古高原地区的多数湖泊是由于当地气候干燥、风力强劲，地表疏松的沙土遭到强劲的风力吹蚀而渐渐低陷形成的。而青藏高原上的湖泊，多数是在地壳构造活动陷落的基础上，又加上冰川活动的影响造成的。一些大山区的湖泊，往往是因为原来河道被堆积物堵塞，河水不能下泄而汇聚成湖的。

▶ 位于加拿大的安大略湖

▶尼罗河

▎尼罗河真的会"变色"吗?

通常,河流的颜色是不变的,但有些河流却不同,它们的河水颜色会因时间的不同而发生改变,如发源于非洲中部的尼罗河。在一年中,尼罗河中的河水会自清澈透明变为绿色,再变为红褐色,最后又变得清澈透明。这是为什么呢?

原来,尼罗河的上游有两条河流,即白尼罗河与青尼罗河。每年2~5月,是尼罗河的枯水期,河水是清澈透明的。从6月开始,上游的白尼罗河夹杂着漂浮的苇草等物流经,于是河水的颜色呈绿色。到了7月,尼罗河进入了泛滥期,青尼罗河水量剧增,其中含有的大量泥沙使尼罗河呈现出红褐色,其中9月份时的河水最红。到了11月,尼罗河水位下降,红褐色渐渐消退,尼罗河就又变得清澈透明了。

有趣的是,尼罗河的"变色"为当地居民的生活提供了指导。当看到水色的变化,人们便能立即知道河水的动向,及时"迁高避洪"或播谷耕种。

火山口上的湖泊是怎么形成的？

火山喷发结束后，火山口的熔岩会慢慢凝固，形成一个类似漏斗的凹坑。以后经过漫长的时期，在无数次的雨雪风霜之后，凹坑里慢慢积存了大量雨水和雪水，逐渐形成了火山口湖泊。火山口湖的面积一般不大，但是湖水却很深。由于火山仍有余热在释放，附近就会产生许多温泉。比如，我国吉林省长白山的天池就是著名的火山口湖，这里湖水湛蓝，周围的冰山雪峰倒映其中，景色十分壮美。

▶ 长白山火山喷发后形成的天池

▶冒着热气的温泉

温泉水的热量来自哪里？

温泉从地下涌出来，是天然的热水。大部分温泉的形成都与岩浆的作用有关。岩浆处在地下很深很深的地方，非常灼热。当地壳内冷却时，岩浆就会放出热气，大量的热气可以加热岩层中的水分，推动热水不断向上涌，最后沿着地面的缝隙喷出地表，形成温泉。温泉到达地表后，温度仍然很高，比如新西兰陶波的一些温泉甚至可以将生的食物煮熟。

▶伊瓜苏大瀑布

瀑布是怎么形成的?

瀑布在地质学上叫作"跌水",即河水在流经断层、凹陷等地区时垂直地跌落。形成的原因是由于河床底部的岩石软硬程度不同,在流水经过时会对岩石冲击和侵蚀,造成很大的地势差,由此便形成了瀑布。在河流的某些时段内,瀑布是一种暂时性的特征,最终会消失。任何水量和落差大的瀑布的共同特征是都有由瀑布跌落底部掏蚀成的深潭。有时潭的深度几乎等于产生瀑布的峭壁的高度,而且深潭会造成峭壁暴露的表面坍塌和瀑布的后撤,最终导致瀑布消失。

赤道附近有雪山吗？

赤道十分炎热，但在赤道附近依旧有雪山存在。这听起来有点不可思议，但事实上雪山的地点与纬度没有关系，其关键是海拔，海拔越高，温度越低。比如赤道附近的乞力马扎罗山，山顶终年白雪皑皑，就是因为地势高，其5200米以上为终年积雪带。

▶乞力马扎罗山

▶ 冰川

冰川是怎么形成的?

　　在南极和北极或一些高山地区，由于气温很低，使得白天融化的雪到了晚上又冻成了冰晶。冰晶同雪花结成粒雪，粒雪经过进一步合并压实，就变成了白色透明的粒冰。粒冰继续受压，逐渐变成块冰，也就是冰川冰。雪花—粒雪—粒冰—块冰的形成过程，在冰川学上叫作"成冰作用"。这一过程非常缓慢，一般需要数十年，甚至数百年，而且冰川冰的年龄越大，冰体越显得清澈灿烂。当冰川冰积累到一定厚度时受到重力作用就从高处向低处流动，形成冰川。冰川形成还有个必备条件，就是积雪区的高度要超过雪线。雪线是每年降雪刚好当年融化完的海拔高度，如果一个地区没有超过雪线，那就不可能形成冰川。冰川是地球上最大的淡水水库，全球70%的淡水储存在冰川中。

"活着的冰川"是怎么回事?

莫雷诺冰川位于阿根廷南部,它之所以著名,是因为世界上的冰川都是处于停滞状态,而它却"活着"。在莫雷诺冰川汇聚了几十条冰流和冰块,每隔20分钟左右就可以看到"冰崩"奇观:一块块巨大的冰块沉入

▶ 莫雷诺冰川

阿根廷湖,发出一声声震耳欲聋的响声,但很快一切又都归于平静。现在,莫雷诺冰川就像一堵巨大的"冰墙",每天都以30厘米的速度向前推进。由于冰川的冰舌推进至湖面的常温地带,冰川的融化因地球变暖更为加速,使其不断发生崩塌。这种景观在世界上其他地方不易看到。

冰川里有生物吗?

大多数人都认为,南极冰川是生命的禁区,因为人类以前从没在极地冰川里发现过生命的存在。然而,一项最新的研究成果表明,在南极冰川的冰下湖泊约4000米深处,存活着细菌。由此说明,冰川里深藏着古老的生命。

▶ 南极冰川

▶ 天然琥珀

琥珀中的小虫是怎么进去的？

琥珀是树木中的油脂凝集沉积形成的。在4000万～5000万年前的森林里生活着许多小昆虫，当树木上流下的树脂正巧粘住了一只小虫，那么不断滴下的树脂会把小虫厚实地裹在里面。在千万年的地质作用下，树脂变得坚固，并成为矿物。但树脂的化学性质非常稳定，不易变化，不仅仍保持着它原来的颜色和透明度，表面还保留着当初树脂流动时产生的纹路，而且内部可经常发现气泡以及小虫。所以，琥珀中能保留有小虫是由树脂的化学性质决定的。

煤是怎么形成的?

煤形成于远古时期,最初是由千百万年来植物的枝叶和根茎在适当的地质环境中逐渐堆积而成的一层极厚的黑色的腐殖质;随着地壳的变动,这些腐殖质不断地被埋入地下,长期与空气隔绝,并在高温高压下发生一系列复杂的物理和化学变化等过程,最终形成了黑色可燃沉积岩。由于埋藏深度和埋藏时间的差异,形成的煤也不一样。

▶无数年前,一些树木等植物变成了今天的煤,而今天的树木或许若干年后也会是一样的命运

part 4

地球的生存与危机

生命起源于陆地还是海洋？

从现在的研究成果来看，生命起源于海洋。早在38亿年前，当陆地上还是一片荒芜时，在咆哮的海洋中就开始孕育了生命——最原始的细胞，其结构和现代细菌相似。大约经过了1亿年的进化，这些原始细胞逐渐演变成原始的单细胞藻类，这大概是最原始的生命。随着原始藻类的繁殖和光合作用的进行，产生了氧气和二氧化碳，为生命的进化提供了条件。这种原始单细胞藻类又经过亿万年的进化，产生了原始三叶虫、海绵和水母等，海洋中的鱼类大约出现在4亿年前。同时，由于当时大气中没有氧气，紫外线可以直达地面，但海水可以防止紫外线，所以生物首先在海洋里诞生。后来，由于月亮的引力作用引起了海洋的潮汐现象，使原本栖息在海洋中的某些生物被海浪冲上岸边，随着臭氧层的形成，那些留在陆地上的生命经过漫长的适应，逐渐得到发展。

▶三叶虫化石

地球上的氧气是从哪里来的？

在地球大气中，与人类关系最为密切的就是氧气了。然而，大气中的氧气是从哪儿来的呢？

长期以来，很大一部分人认为，地球上的氧气主要来源于陆地上绿色植物的呼吸作用（即吸进二氧化碳，释放出氧气）。然而有人认为，原始地球上最早的氧气来自地核，至今地核仍在不断地把氧气通过海洋释放到大气层中去。他们发现，海底中的氧气与植物释放出来的氧气、大气层中的氧气并不相同，而且一份植物释放出来的氧气和两份来自海底的氧气相混合，恰好与大气层中氧气的气体构成相吻合。

▶ 植物可以释放氧气

假如空气中全是氧气会怎么样?

氧气是物质燃烧所必需的物质，如人类发射大型火箭就是利用了氧气的巨大爆发力。所以，假如空气中全是氧气，那么地表岩石的风化会更加恶劣，会出现红土、红石，当我们点火的时候就很容易发生爆炸。更可怕的是，人和动物的呼吸也会受到严重影响，而那些需要从二氧化碳中摄取营养的植物或厌氧的生物则会面临灭绝。久而久之，人类的生存环境就会变得十分恶劣，无法生存。

▶氧气

离地面越高空气越稀薄?

空气的浓密或稀薄是由空气的密度决定的。空气的密度越大，空气越浓密；空气的密度越小，空气就越稀薄。我们知道，空气是可以压缩的气体，上层的空气压在下层的上面，下层空气的密度就变大了。而离地面越高的地方，受到上层空气的压力越小，所以密度小。密度小，空气就稀薄，氧气含量也越少。所以，我们在登高时，越往高处攀登，越是感觉喘不过气来，也有此原因。

▶空气的密度小，空气就稀薄

地球如果没有大气层会怎么样？

对地球来说，大气层至关重要、不可或缺。首先，大气层可以提供氧气，使地球上的生物得以生存。其次，大气层具有保护作用，可以防止来自太空的陨石毁坏地球表面，同时还能阻挡紫外线对地面的辐射。再者，大气层还具有保温作用，可使地球上的温度保持稳定。换句话说，如果没有大气层，地球上便不会有生命。

▶没有大气层，地球将会毁灭

▶臭氧层就像地球的一层防护服，时刻保护着地球以及地球生物

臭氧层是什么？

臭氧层指的是大气层的平流层中臭氧浓度相对较高的部分，大概分布在高出海平面20～25千米的范围内。臭氧层中的臭氧主要是紫外线制造出来的，呈蓝色，有特殊的臭味。在大气层中，臭氧只占1%，如果在0℃的温度下，把地球大气层中所有的臭氧全部压缩到一个标准大气压，则只能形成约3毫米厚的一层气体。但就是这薄薄的一层气体，对地球来说却至关重要。臭氧能够吸收太阳中的紫外线，使地球上的生物免受伤害。而且，它还能杀死细菌，并能促成人体内合成维生素D，以防止佝偻病的产生。所以，臭氧层犹如一件保护伞，保护着地球上的生命。

南极和北极哪个更冷？

南极和北极是地球上最冷的地方，但二者相比，南极比北极还要冷。因为南极是一个四面环海的冰原大陆，冰原上极为寒冷，最低气温能达到–90℃。不仅如此，南极还是世界上风力最大的地区，平均一年中有300天会刮8级以上的大风。南极没有四季，只有暖、寒两季。暖季为11月至次年3月，此时内陆地区温度为–35～–20℃，沿岸地带平均温度也多在0℃以下；寒季为4月至10月，此时内陆地区为–70～–40℃，沿岸地带也多为–30～–20℃。

▶南极海岸冰川

地球上最热的地方在哪里？

地球上最热的地方不在赤道，而是在北半球副热带。因为北半球的一些地区的空气十分干燥，在强烈的阳光照射下，沙漠地带吸热快，沙粒最热时达50℃以上，连鸡蛋埋在沙里都会被烤熟。尤其在北半球的夏天，太阳直射北回归线附近，强烈的阳光整日照耀着干燥的地面，把地面烤得火热；而有些地方除了干燥，还地处低洼，四面高山围绕，热量不易散发，地球上最热的地方便常出现在那里。

▶撒哈拉沙漠是地球上最热的地方之一

风是怎么形成的?

由于地球表面各个部分受热不均，所以当阳光晒热了地面，各地空气温度也就有高有低。当两个地区气温不同时，气温高的地区的空气轻会往上升，气温低的地区空气重则往下降，这就形成了空气的对流。空气流动会使低空中的空气从气温低的地区流向气温高的地区，而使高空中的空气从气温高的地区流向气温低的地区，这就是风。所以，风是因空气流动而形成的。

▶起风时，树枝随风摆动

▶带电粒子对大气的轰击会产生大量的云层

云是从哪里来的？

　　天上千变万化的云彩是怎么形成的呢？形成云的原因有很多，主要是由于潮湿空气上升而形成的。

　　地面上的水在太阳的照射下会变成水蒸气，水汽随着地面上的热空气一起上升到空中。当上升空气的饱和水汽压下降时，就会有一部分水汽以空中的尘埃为核而凝结成为小水滴。这些小水滴非常轻，但浓度却很大，在空气中下降的速度极慢。就这样，它们被上升的空气托着，在空中飘来飘去，当大量小水滴聚集在一起时，便形成了天上的云。

▶露珠

清晨的露珠来自哪里?

　　白天气温较高的情况下，夜晚温度就会有所下降，这时空气中的水分就会遇冷凝结。一般水在可润湿固体表面凝结时，容易铺展开来并渗透进去，所以在墙壁、路面、老树干等上面看不到水珠；而水对多数植物的新鲜茎叶的润湿能力一般较差，所以水珠会以椭圆形球状凝结在上面；如果茎叶表皮茸毛符合一定排列规律的话，水的润湿能力还将更差，所以我们能在花草叶上看到球形水珠。在早晨9点以后，露水会随着阳光的照射和温度的升高而自动消失。

▌雷电是怎么形成的？

　　下雨时，云层上部带正电荷，云层下部带负电荷。当两种带不同电荷的云接近时，便互相吸引而出现闪电。在闪电的冲击下，周围的大气和水汽剧烈膨胀，并且发出很大的声音，这就是雷声。打雷和闪电是在同一过程中发生的，但由于光在空气中的传播速度比声音快，所以我们通常在闪电过后几秒或十几秒才能听到雷声。

▶ 严重的冰雹会砸毁庄稼，损坏房屋，甚至砸伤人

夏天的冰雹来自哪里？

夏天，太阳把地面晒得很热，地面的空气也非常热，但是高空的空气温度比较低。当空气中的水汽随着气流上升，水汽就会凝结成液体状的水滴。如果高度不断增加，水滴就会凝结成固体状的冰粒，冰粒会吸附附近的小冰粒或水滴而逐渐变大、变重。等到冰粒长得够大够重，上升气流无法负荷它的重量时，冰粒便会往下掉，形成冰雹。因为只有在气温很高的情况下才能有足够的上升气流，所以只有夏季会产生冰雹。

雾是怎么形成的？

因为空气所能容纳的水汽量是有一定限度的，达到最大限度时，就称为水汽饱和。气温越高，空气中所能容纳的水汽量越多。如果空气中所含的水汽量多于一定温度条件下的饱和水汽量时，多余的水汽就会凝结变成小水滴或冰晶，悬浮在近地面的空气层里。如果近地面空气层里的小水滴多了，阻碍了人们的视线，就形成了雾。我们通常说的雾就是这样形成的，它和云一样都是由于温度的下降，水汽凝结而形成。因此，雾实际上也可以说是靠近地面的云。

▶ 晨雾

▶被雾霾笼罩的城市

雾和霾有什么区别？

无论是雾还是霾，都会对人们的视野产生影响，给人们的生活带来不便，而且它们的核心物质都是灰尘颗粒。但是，雾和霾也存在着很大的差别，主要表现在以下几个方面：

能见度不同：一般能见度在1千米以下的统称为雾，而霾的能见度会好些，在1~10千米。

颜色不同：雾是乳白色、青白色或纯白色，而霾为黄色、橙灰色。

水分含量不同：雾主要以水汽为主，雾中的水分含量可达到90%以上，而霾中的水分含量在80%以下。水分含量为80%~90%的，是雾和霾的混合物，但主要成分是霾。

边界不同：雾的边界很清晰，过了"雾区"可能就是晴空万里，但是霾则与周围环境边界不明显。

日变化不同：雾一般在午夜至清晨最易出现，但霾的日变化特征不明显，当空气团较稳定时，持续出现时间较长。

雾霾常常相伴而生，大范围雾霾天气一旦形成，在有利的天气条件下可维持数日。

▶ 雾凇景观

雾凇景观是怎么形成的?

　　雾凇俗称树挂,它不是冰,也不是雪,常附着于树枝、电线等地面物体上。一般当过冷水滴(低于0℃)碰撞到同样低于冻结温度的物体,经过不断积聚冻结,就会形成雾凇。由于雾凇对温度和湿度的要求很高,所以很多地方的雾凇都不够理想。吉林雾凇以应时持久、分布密集、造型丰富享誉国内外。通常来说,雾凇是早上形成,而且过冷且云雾环绕的山顶上最容易形成。

雪是怎么形成的?

冬天温度低,地面温度一般都在0℃以下,高空云层的温度就更低了。因此,云中的水汽直接凝结成小冰晶、小雪花,当这些雪花增大到一定程度,气流托不住它的时候,就会从云层里掉到地面上,这就是雪。如果有较强的上升气流,空气的温度比较高,就像一只大手托着雪花似的,雪花在云层里长大的时间就会比较长,降下的雪花就比较大。雪花从云中下降到地面,可能多次合并而变得很大,鹅毛般的大雪就是这样形成的。当然,有时雪花互碰时不是互相合并在一起,而是碰破了,如此就形成了单个的"星枝"形状。

▶雪是固态降水

台风是怎么形成的？

在热带或副热带海洋上，由于近洋面气温高，大量空气膨胀上升，使近洋面气压降低，周围的空气便源源不断地补充流入进来。同时，在地球自转力的影响下，流入的空气旋转起来，就形成一个旋涡。而上升的热气流升入高空后变冷、凝结形成水滴时，要放出热量，又促使低层空气不断上升。这样一来，近洋面气压持续降低，空气旋转得更加猛烈，这样就形成了台风。

 台风云图

▶台风眼区

台风风眼里风会更大吗?

台风眼位于台风中心内,直径10千米左右。由于外围的空气旋转极快,外面的空气不易进到里面去,所以台风眼区的空气几乎是不旋转的,因此也就没有风。而且,台风眼区空气是下沉的,在下沉时会导致气温升高,使天空雨消云散,出现晴天,如果是夜晚还可能看到闪烁的星星。但是,这种晴好天气一般只能维持6小时,等台风眼过去,接着又是狂风暴雨的恶劣天气。

▶大漠中的沙尘暴

沙尘暴是怎么形成的？

　　沙尘暴的形成需要满足3个条件，那就是沙尘源、强风和不稳定的大气层。沙尘是基础，强风是动力，那么大气层的稳定性跟沙尘暴有什么关系呢？通常来说，如果低层空气温度高，比较稳定，那么受风吹动的沙尘就不会被扬起很高；如果低层空气温度高，不稳定，那么风就会把沙尘扬起很高，形成沙尘暴。在我国北方地区，春季干旱少雨，土质疏松，加上气层的热力抬升作用，就很容易形成沙尘暴天气。沙尘暴的形成与许多因素有关，如地球温室效应、厄尔尼诺现象、森林大面积减少等，而森林、土地等自然资源缺少保护则是造成沙尘暴的主要原因。

沙漠是怎么形成的？

　　沙漠的成因有很多，但主要是因岩石的风化作用而形成的。沙漠地区气候干燥，昼夜温差大，使得地面上的岩石在热胀冷缩和风化的作用下破碎成细小的沙粒。这些沙粒很容易被风吹走，并在风力减弱或遇到障碍时堆成许多沙丘。天长日久，沙丘越堆越大，就形成了大片沙漠。沙漠的形成与地壳的变化也有关系，地壳变化会使湖泊河流袒露出原来的泥沙，这些泥沙慢慢就形成了沙漠。现在，地球上的沙漠形成与人类的乱砍滥伐有很大关系，森林、草原的严重破坏使大面积土地变成了沙漠。目前，我国的沙漠面积超过70万平方千米，而世界上其他地区的沙漠也很多，沙化、半沙化地区足足占了地球上陆地面积的三分之一。

沙漠的绿洲是怎么来的？

在许多人的印象里，沙漠就是光秃秃的，一片荒凉。实际上，沙漠里也有绿树成荫的地方，那就是绿洲。

高山上的冰雪到了夏天就会融化，水流顺着山坡流淌下来，形成河流。河水流经沙漠，便渗入沙子深处形成地下水。地下水沿着不透水的岩层流至沙漠低洼处，便会涌出地面，形成泉水。沙漠的低洼处有了水，各种生物就开始生长、繁衍，于是就形成了绿洲。沙漠里的绿洲不仅水源丰富、土壤肥沃，而且还是一道奇特秀丽的风景。

▶沙漠绿洲

赤潮是怎么出现的?

赤潮是一种局部海区的浮游生物急剧繁殖并聚集在一起后海水变色和水质恶化的现象。当海水中的那些赤潮生物大量死亡后,海水就会被"染"红。赤潮发生时,海水会变得黏黏的,还散发出一股腥臭味。赤潮发生的主要原因是环境污染。当大量污染物排入海洋时,会使海洋中的磷、氮等营养物,盐和铁、锰等微量元素及一些有机化合物的含量迅速上升,出现"富营养化"现象。营养物质过多会导致某些浮游生物爆炸性繁殖,进而发生赤潮。

赤潮

冰川融化后地球会怎么样？

冰川融化与气候变暖有关。气候变暖，冰川就会融化，流入海里。我们知道，地球上有两大冰川，一个是南极，一个是北极。如果这两个地方的冰全部融化，就会导致海平面上升，使得一些沿海城市或地势较低的国家被淹没，而北极熊和企鹅等动物则会濒临灭绝。

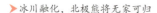 冰川融化，北极熊将无家可归

▶ 由飓风引发的海啸

海啸是如何形成的？

有时候尽管海上没有风暴，平静的大海也会突然咆哮起来，掀起一排排高达数米的巨浪，这就是海啸。对于海啸的发生，我们需要从海底找原因。通常海啸是由于海底地壳发生断裂而形成的，当海底地壳上升或下陷时就会引起剧烈的振动，从而产生巨大的波浪。波浪传到岸边，就会使水位突然上涨，冲向陆地，形成海啸。此外，海底火山爆发、台风、水下坍塌和滑坡也会引起海啸。海啸发生前，岸边的海水常会出现异常增高或降低的现象，这预示着海啸即将来临。

火山喷出的气体能杀人吗?

火山喷发出来的物质主要是气体（其中大部分是水蒸气）、火山灰、火山弹和熔岩。在喷出来的气体中含有氰化氢及其衍生剧毒物，当人吸入这种气体后，会造成呼吸神经麻痹、全身乏力，乃至窒息而死。

▶ 环形山之最——婆罗摩火山